Impressum
Verlag: BABADADA GmbH, Nedderfeld 112 , 22529 Hamburg
Geschäftsführer / Verlagsleitung: Harald Hof
Druck: Books on Demand GmbH, In de Tarpen 42, 22848 Norderstedt

Imprint
Publisher: BABADADA GmbH, Nedderfeld 112 , 22529 Hamburg, Germany
Managing Director / Publishing direction: Harald Hof
Print: Books on Demand GmbH, In de Tarpen 42, 22848 Norderstedt, Germany

школа
škola

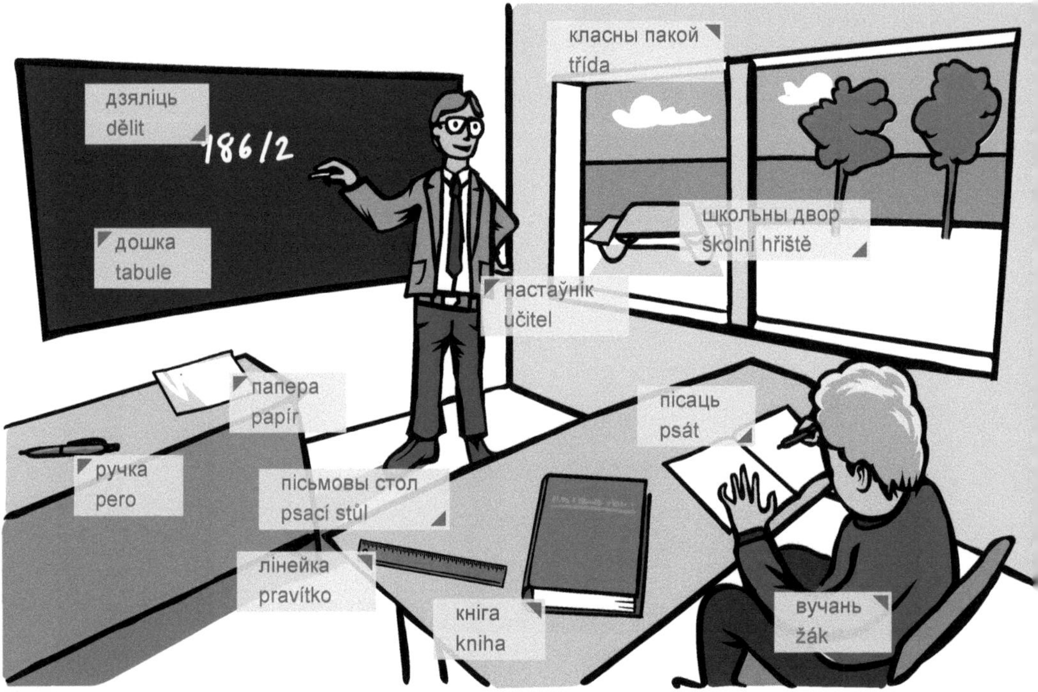
класны пакой
třída
дзяліць
dělit
186/2
школьны двор
školní hřiště
дошка
tabule
настаўнік
učitel
папера
papír
пісаць
psát
ручка
pero
пісьмовы стол
psací stůl
лінейка
pravítko
кніга
kniha
вучань
žák

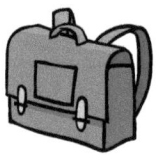

ранец

aktovka

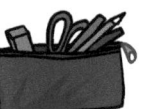

пенал

penál

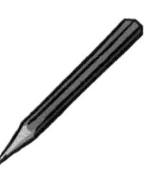

просты аловак

tužka

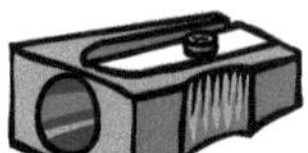

тачылка для алоўкаў

ořezávátko

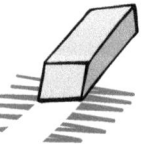

гумка

guma

альбом для малявання

blok na kreslení

малюнак

výkres

пэндзлік

štětec

фарбы

malířské potřeby

нажніцы

nůžky

клей

lepidlo

сшытак

cvičebnice

хатняе заданне

domácí úkol

лік

počet

2+2

дадаваць

sčítat

5-2

адымаць

odčítat

2×2

множыць

násobit

лічыць

počítat

A

літара

písmeno

ABCDEFG
HIJKLMN
OPQRSTU
VWXYZ

алфавіт

abeceda

слова

slovo

тэкст

text

чытаць

číst

крэйда

křída

ўрок

hodina

класны журнал

třídní kniha

экзамен

zkouška

атэстат

vysvědčení

школьная форма

školní uniforma

адукацыя

vzdělání

энцыклапедыя

encyklopedie

універсітэт

univerzita

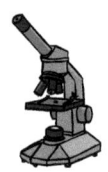

мікраскоп

mikroskop

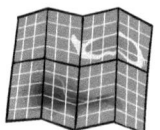

карта

karta

смеццевы кошык

odpadkový koš na papír

падарожжа

cesta

гатэль
hotel
Grand
хостэл
ubytovna
ROOMS
абменны пункт
směnárna
чамадан
kufr
аўтамабіль
auto

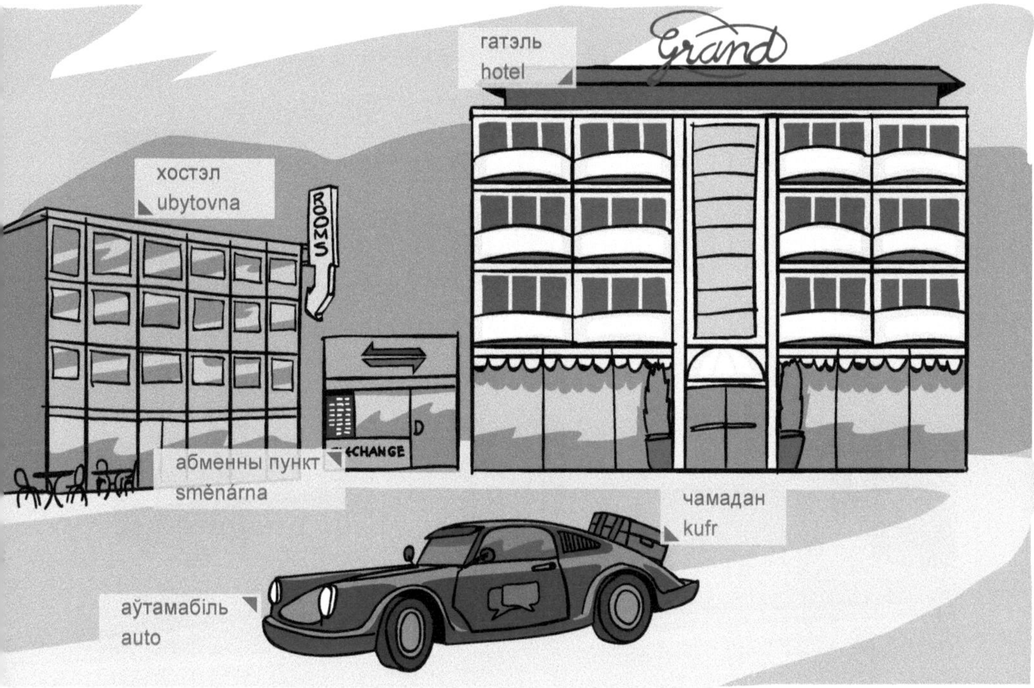

мова

jazyk

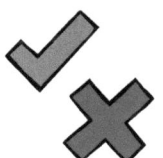

так / не

ano / ne

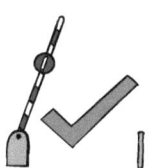

добра

oukej

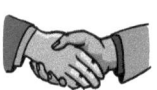

прывітанне!

Ahoj!

перакладчык

překladatel

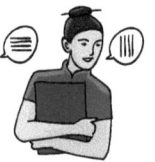

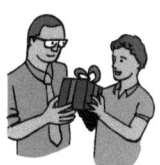

дзякуй

děkuji

Колькі каштуе....?

Kolik stojí...?

я не разумею

nerozumím

праблема

problém

Добры вечар!

Dobrý večer!

Добрай раніцы!

Dobré ráno!

Дабранач!

Dobrou noc!

да пабачэння

na shledanou

кірунак

směr

багаж

zavazadlo

сумка

taška

заплечнік

batoh

госць

host

пакой

pokoj

спальны мяшок

spací pytel

палатка

stan

інфармацыя для турыстаў

turistické informace

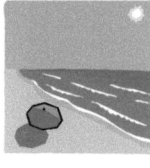

пляж

pláž

крэдытная картка

kreditní karta

снеданне

snídaně

абед

oběd

вячэра

večeře

праязны білет

jízdenka

ліфт

výtah

паштовая марка

poštovní známka

мяжа

hranice

мытня

clo

пасольства

poselství

віза

vízum

пашпарт

pas

транспарт
transport

самалёт
letadlo

карабель
loď

пажарная машына
hasičský vůz

грузавік
nákladní vůz

аўтобус
autobus

маторная лодка
motorový člun

аўтамабіль
auto

ровар
kolo

паром

přívoz

лодка

člun

матацыкл

motorka

паліцэйская машына

policejní auto

гоначны аўтамабіль

závodní auto

арэндаваны аўтамабіль

pronajaté auto

8

транспарт - transport

сумеснае карыстанне аўтамабілем

sdílení aut

эвакуатар

odtahová služba

смеццявоз

popelářský vůz

матор

motor

паліва

palivo

запраўка

čerpací stanice

дарожны знак

dopravní značka

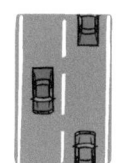

дарожны рух

doprava

затор

dopravní zácpa

паркоўка

parkoviště

чыгуначная станцыя

vlakové nádraží

рэйкі

koleje

цягнік

vlak

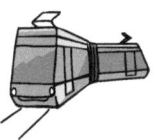

трамвай

tramvaj

вагон

vagón

верталёт

helikoptéra

аэрапорт

letiště

вежа

věž

пасажыр

pasažér

кантэйнер

kontejner

кардонная скрыня

kartón

тачка

trakař

карзіна

koš

ўзлятаць / прызямляцца

vzlétnout / přistát

горад

město

вёска

vesnice

цэнтр горада

střed města

дом

dům

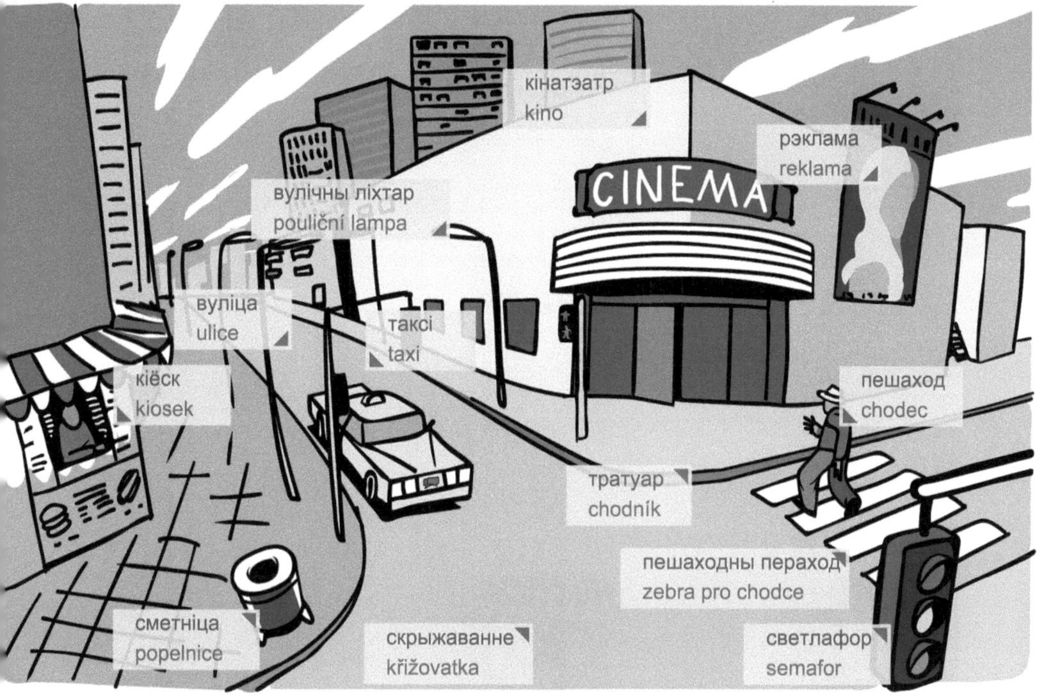

кінатэатр
kino

рэклама
reklama

вулічны ліхтар
pouliční lampa

CINEMA

вуліца
ulice

таксі
taxi

кіёск
kiosek

пешаход
chodec

тратуар
chodník

пешаходны пераход
zebra pro chodce

сметніца
popelnice

скрыжаванне
křižovatka

светлафор
semafor

халупа

chata

кватэра

byt

чыгуначная станцыя

vlakové nádraží

ратуша

radnice

музей

muzeum

школа

škola

універсітэт

univerzita

банк

banka

шпіталь

nemocnice

гатэль

hotel

аптэка

lékárna

офіс

kancelář

кнігарня

knihkupectví

крама

obchod

кветкавая крама

květinářství

супермаркет

supermarket

кірмаш

tržnice

універмаг

obchodní dům

рыбная крама

rybárna

гандлевы цэнтр

nákupní centrum

порт

přístav

парк
park

лава
lavička

мост
most

лесвіца
schody

метро
metro

тунэль
tunel

прыпынак
autobusová zastávka

бар
bar

рэстаран
restaurace

паштовая скрыня
poštovní schránka

вулічны паказальнік
pouliční tabule

паркамат
parkovací hodiny

заапарк
zoo

басейн
plovárna

мячэць
mešita

сядзіба
usedlost

забруджванне
навакольнага асяроддзя

znečišťování životního
prostředí

могілкі
hřbitov

царква
církev

пляцоўка для гульні
hřiště

храм
chrám

краявід

krajina

ліст
list

паказальнік
rozcestník

дарога
cesta

луг
louka

камень
kámen

дрэва
strom

падарожнік
turista

рака
řeka

трава
tráva

кветка
květina

даліна
údolí

гара
hora

возера
jezero

лес
les

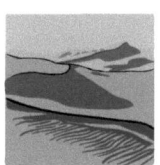

пустыня
poušť

вулкан
sopka

замак
zámek

вясёлка
duha

грыб
houba

пальма
palma

камар
komár

муха
moucha

мурашка
mravenec

пчала
včela

павук
pavouk

жук

brouk

жаба

žába

вавёрка

veverka

вожык

ježek

заяц

zajíc

сава

sova

птушка

pták

лебедзь

labuť

дзік

divoké prase

алень

jelen

лось

los

плаціна

přehrada

вятрак

větrné kolo

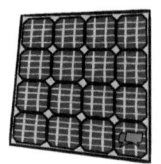

сонечная батарэя

solární panel

клімат

podnebí

рэстаран
restaurace

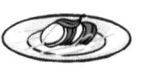

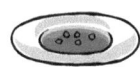

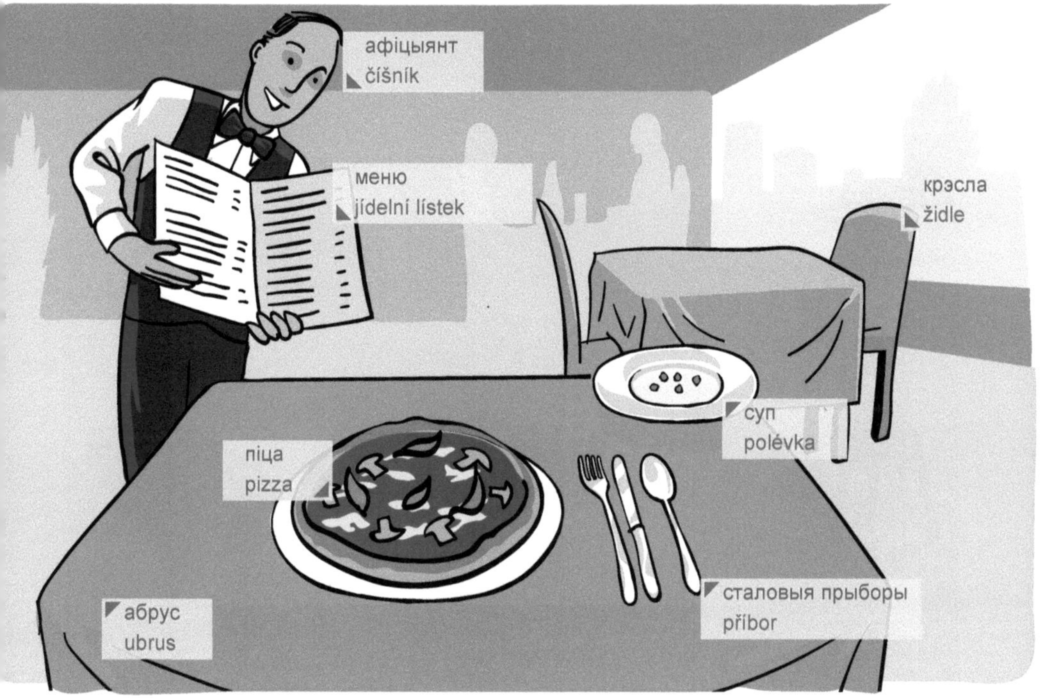

афіцыянт
číšník
меню
jídelní lístek
крэсла
židle
суп
polévka
піца
pizza
сталовыя прыборы
příbor
абрус
ubrus

закуска

předkrm

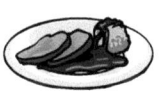

другая страва

hlavní chod

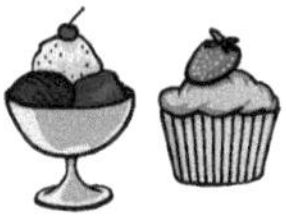

дэсерт

dezert

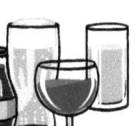

напоі

nápoje

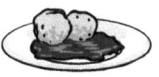

ежа

jídlo

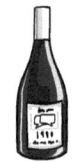

бутэлька

láhev

хуткае харчаванне (фаст-
фуд)

rychlé občerstvení

стрыт-фуд

pouliční občerstvení

імбрык (чайнік)

čajová konvice

цукарніца

cukřenka

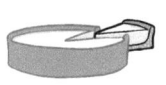

порцыя

porce

эспрэса-машына

kávovar na espresso

дзіцячае крэселка

dětská stolička

рахунак

faktura

паднос

tác

нож

nůž

відэлец

vidlička

лыжка

lžíce

чайная лыжка

čajová lyžička

сурвэтка

ubrousek

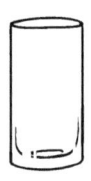

шклянка

sklenička

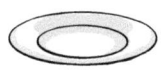

талерка

talíř

супавая талерка

talíř na polévku

сподак

podšálek

соус

omáčka

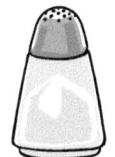

сальніца

slánka

млынок для перцу

mlýnek na pepř

воцат

ocet

алей

olej

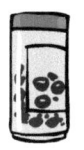

спецыі

koření

кетчуп

kečup

гарчыца

hořčice

маянэз

majonéza

супермаркет
supermarket

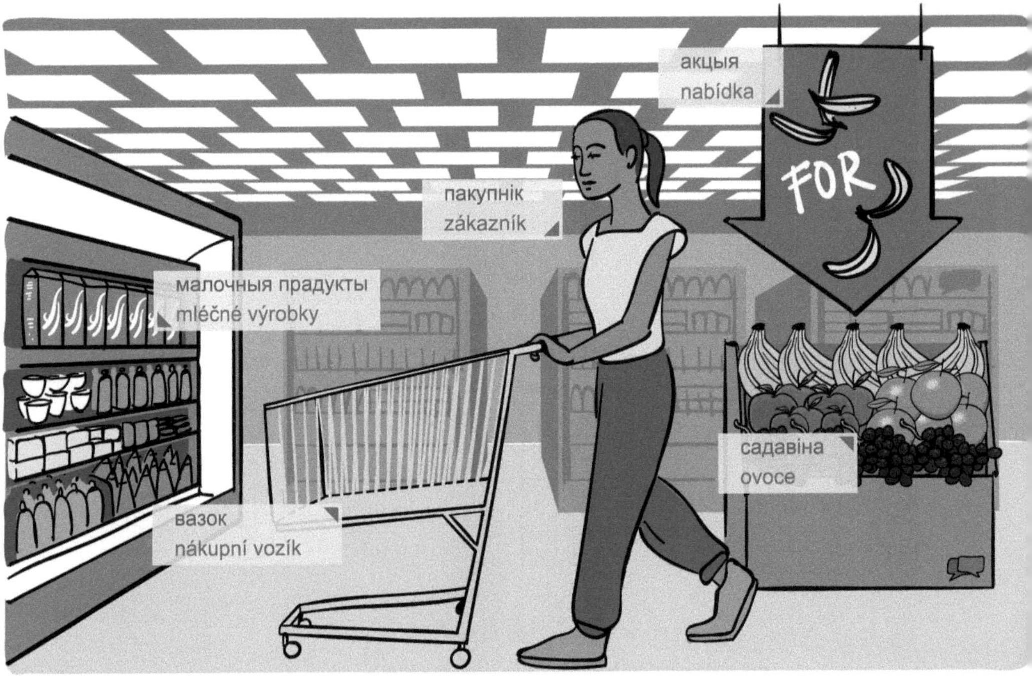

акцыя
nabídka
FOR
пакупнік
zákazník
малочныя прадукты
mléčné výrobky
садавіна
ovoce
вазок
nákupní vozík

BUTCHERS

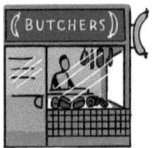

мясная крама
masna

BAKERY

хлебны магазін
pekařství

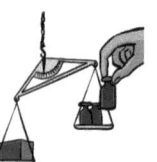

важыць
vážit

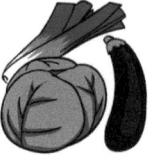

гароднiна
zelenina

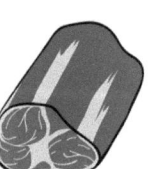

мяса
maso

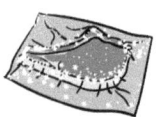

свежазамарожаныя прадукты
mražené potraviny

нарэзка

obložený talíř

кансервы

konzervy

пральны парашок

prací prášek

прысмакі

cukrovinky

хатнія прылады

výrobky pro domácnost

чысцячы сродак

čisticí prostředek

прадавец

prodavačka

каса

pokladna

касір

pokladní

спіс пакупак

nákupní seznam

гадзіны працы

otevírací doba

бумажнік

peněženka

крэдытная картка

kreditní karta

сумка

taška

пакет

igelitová taška

вада

voda

сок

džus

малако

mléko

кола

kola

віно

víno

піва

pivo

алкаголь

alkohol

какава

kakao

гарбата (чай)

čaj

кава

káva

эспрэса

espresso

капучына

kapučíno

банан

banán

яблык

jablko

апельсін

pomeranč

дыня

meloun

лімон

citrón

морква

mrkev

часнок

česnek

бамбук

bambus

цыбуля

cibule

грыб

houba

арэхі

ořechy

локшына

těstoviny

спагеці

špageti

рыс

rýže

салата

salát

бульба фры

hranolky

смажаная бульба

americké brambory

піца

pizza

гамбургер

hamburger

бутэрброд

sendvič

шніцаль

řízek

вяндліна

šunka

салямі

salám

каўбаса

salám

курыца

kuře

смажаніна

pečeně

рыбак

ryby

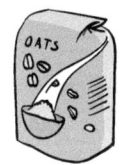

аўсяныя камякі

ovesné vločky

мюслі

müsli

кукурузныя шматкі

vločky

мука

mouka

круасан

croissant

булачка

houska

хлеб

chléb

тост

toast

пячэнне

sušenky

масла

máslo

тварог

tvaroh

пірог

buchta

яйка

vejce

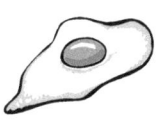

яечня

volské oko

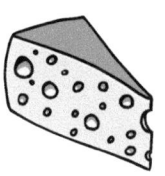

сыр

sýr

ежа - jídlo

марожанае

zmrzlina

цукар

cukr

мёд

med

варэнне

marmeláda

нуга

nugátový krém

кары

kari

сядзіба
usedlost

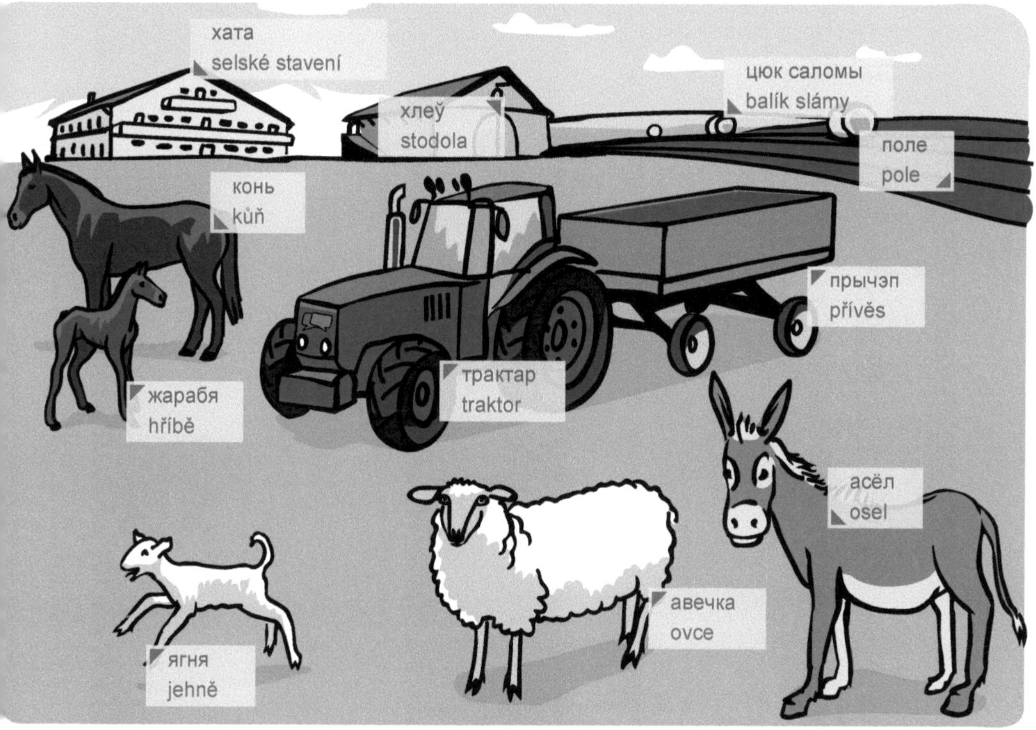
хата
selské stavení
хлеў
stodola
цюк саломы
balík slámy
поле
pole
конь
kůň
прычэп
přívěs
жарабя
hříbě
трактар
traktor
асёл
osel
авечка
ovce
ягня
jehně

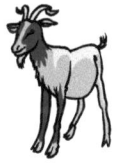

каза

koza

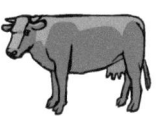

карова

kráva

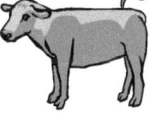

цяля

tele

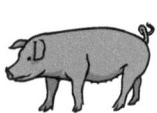

свіння

prase

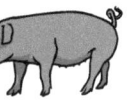

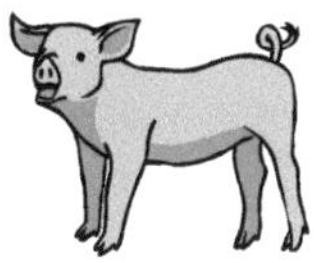

парася

sele

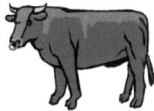

бык

býk

гусак

husa

качка

kachna

кураня

kuře

курыца

slepice

певень

kohout

пацук

krysa

кот

kočka

мыш

myš

вол

vůl

сабака

pes

сабачая будка

psí bouda

садовы шланг

zahradní hadice

палівачка

kropicí konev

каса

kosa

плуг

pluh

серп

srp

матыка

motyka

вілы для гною

vidle

сякера

sekera

тачка

kolecko

карыта

koryto

бітон для малака

konev na mléko

мех

pytel

плот

plot

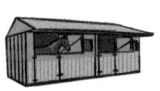

хлеў

stáj

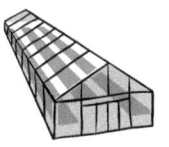

цяпліца

skleník

глеба

půda

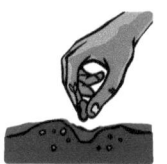

насенне

osivo

угнаенне

hnojivo

камбайн

kombajn

збіраць ураджай

sklidit

ураджай

sklizeň

ямс

smldinec

пшаніца

pšenice

соя

sója

бульба

brambora

кукуруза

kukuřice

рапс

řepka

садовае дрэва

ovocný strom

маніёк

maniok

збожжа

obilí

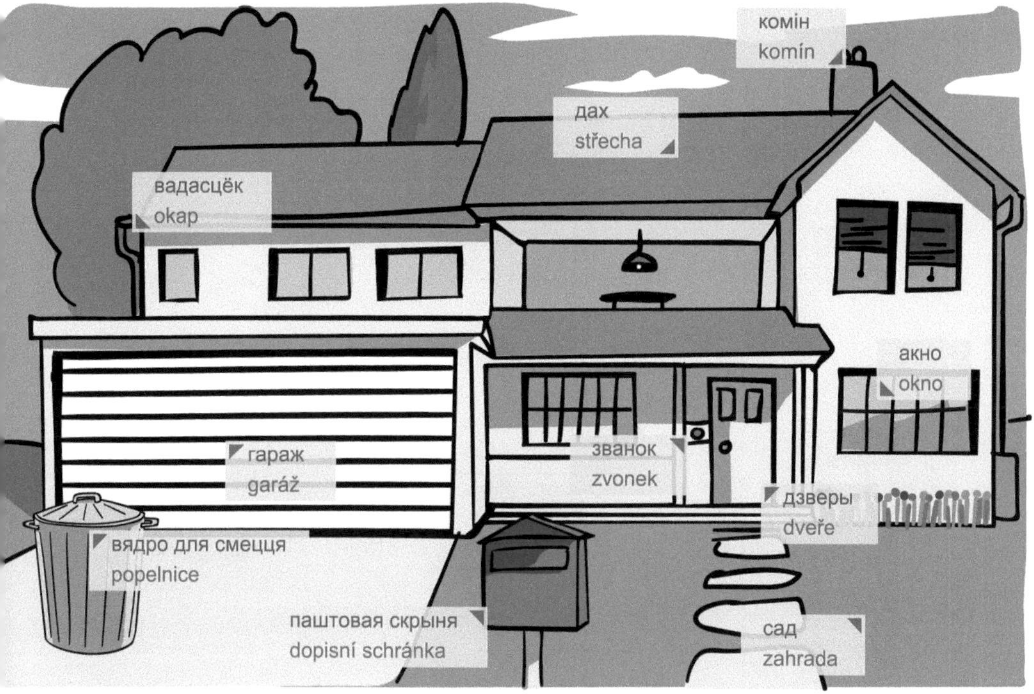

комін
komín

дах
střecha

вадасцёк
okap

акно
okno

гараж
garáž

званок
zvonek

дзверы
dveře

вядро для смецця
popelnice

паштовая скрыня
dopisní schránka

сад
zahrada

жылы пакой

обývací pokoj

ванная

koupelna

кухня

kuchyně

спальны пакой

ložnice

дзіцячы пакой

dětský pokoj

сталоўка

jídelna

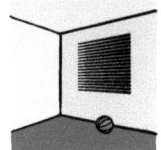

падлога

podlaha

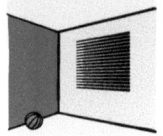

сцяна

zeď

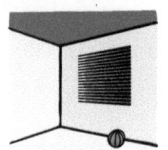

столь

deka

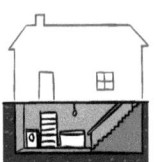

падвал

sklep

саўна

sauna

балкон

balkón

тэраса

terasa

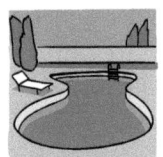

басейн

bazén

касілка

sekačka na trávu

падкоўдранік

ložní prádlo

коўдра

lůžková přikrývka

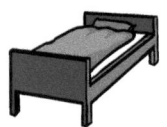

ложак

postel

венік

smeták

вядро

kýbl

выключальнік

vypínač

жылы пакой
obývací pokoj

шпалеры
tapeta
малюнак
obrázek
лямпа
žárovka
паліца
police
шафа
skříň
тэлевізар
televizor
камін
komín
кветка
květina
падушка
polštář
канапа
gauč
ваза
váza
пульт
dálkový ovladač

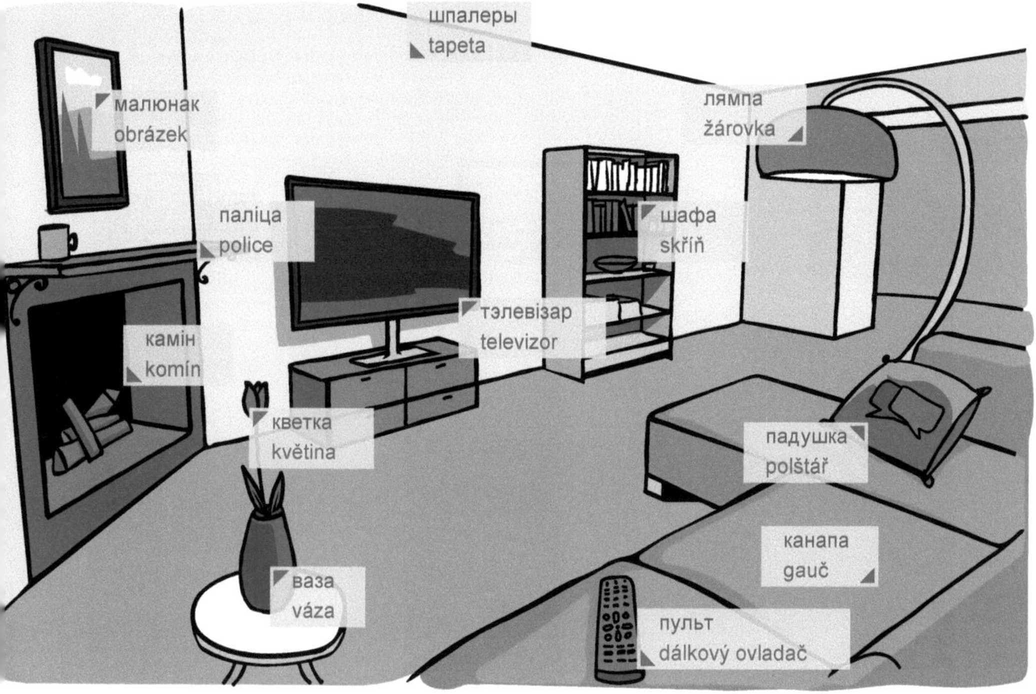

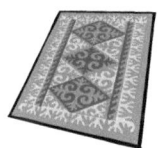

дыван

koberec

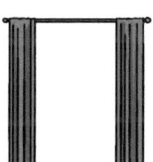

фіранка

závěs

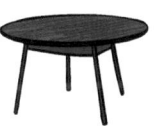

стол

stůl

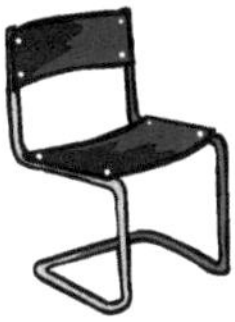

крэсла

židle

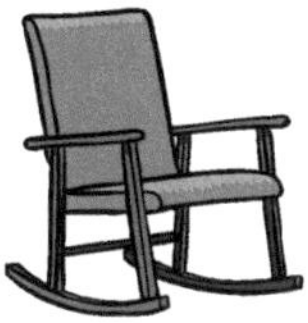

крэсла-качалка

houpací křeslo

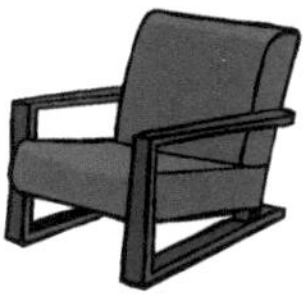

крэсла

křeslo

кніга

kniha

коўдра

strop

дэкарацыя

ozdoba

дровы

palivové dříví

кіно

film

стэрэасістэма

stereo souprava

ключ

klíč

газета

noviny

карціна

malba

постар

plakát

радыё

rádio

нататнік

poznámkový blok

пыласос

vysavač

кактус

kaktus

свечка

svíce

кухня
kuchyně

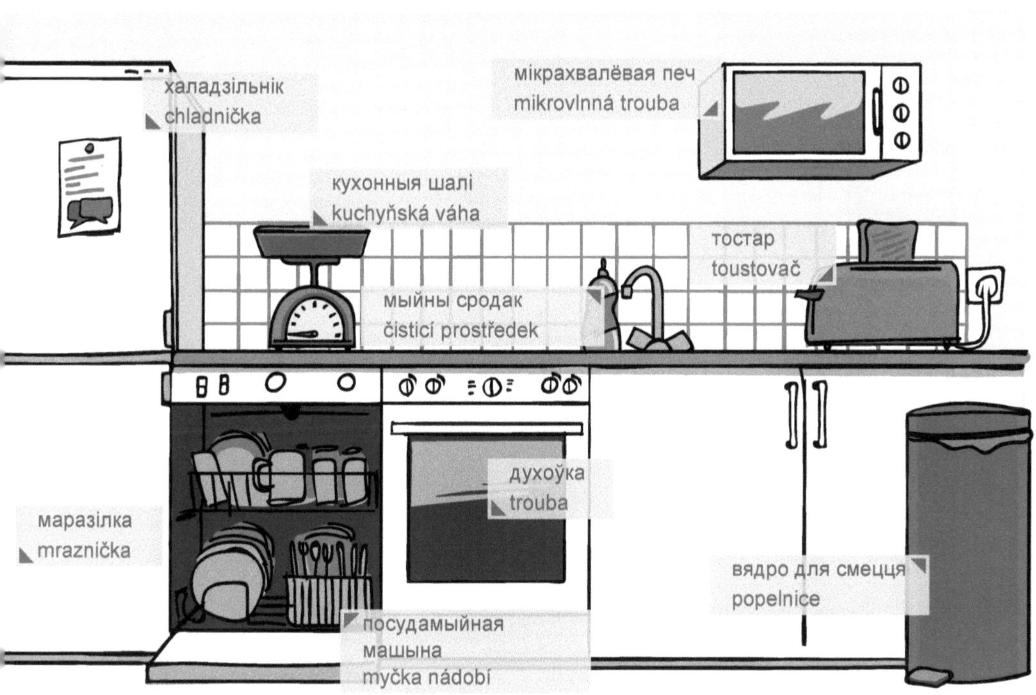
халадзільнік
chladnička
мікрахвалёвая печ
mikrovlnná trouba
кухонныя шалі
kuchyňská váha
тостар
toustovač
мыйны сродак
čisticí prostředek
духоўка
trouba
маразілка
mraznička
вядро для смецця
popelnice
посудамыйная
машына
myčka nádobí

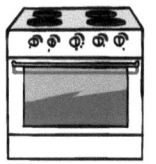

пліта
sporák

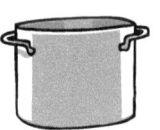

рондаль
hrnec

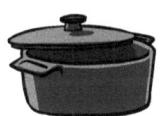

чыгунок
litinový hrnec

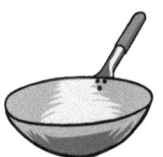

Вок / кадаі
wok / kadai

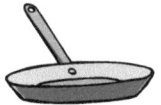

патэльня
pánev

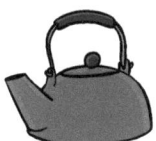

чайнік
varná konvice

параварка

parní hrnec

бляха

plech na pečení

посуд

nádobí

кубак

hrnek

міска

miska

палачкі для ежы

jídelní hůlky

чарпак

naběračka

лапатачка

obracečka

збівалка

metla

сіта для варэння

síto

сіта

cedník

тарка

struhadlo

ступка

hmoždíř

грыль

gril

вогнішча

ohniště

дошка

prkénko na krájení

качалка

váleček na těsto

штопар

vývrtka

бляшанка

dóza

адкрывалка

otvírák na konzervy

прыхваткі

chňapka

ракавіна

umyvadlo

шчотка

kartáč na nádobí

губка

houba

міксер

mixér

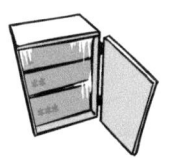

маразільная камера

mrazák

бутэлечка

dětská lahev

вадаправодны кран

kohoutek

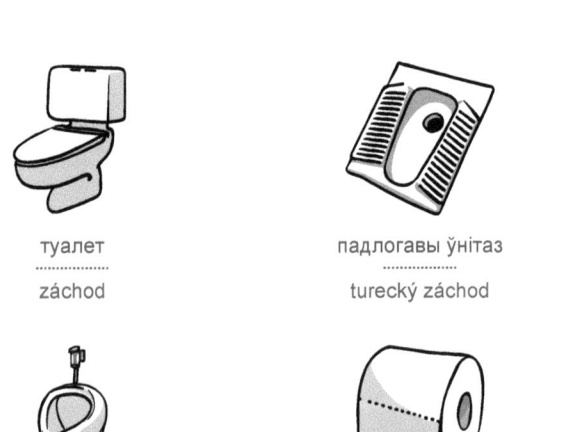

ванная
koupelna

ручніковы сушыцель
topení
душ
sprcha
ручнік
ručník
штора для душа
sprchový závěs
пенная ванна
pěnová koupel
ванна
vana
шклянка
sklenička
мыйная машына
pračka
вадаправодны кран
kohoutek
плітка
obkladačky
начны гаршчок
nočník
ракавіна
umyvadlo

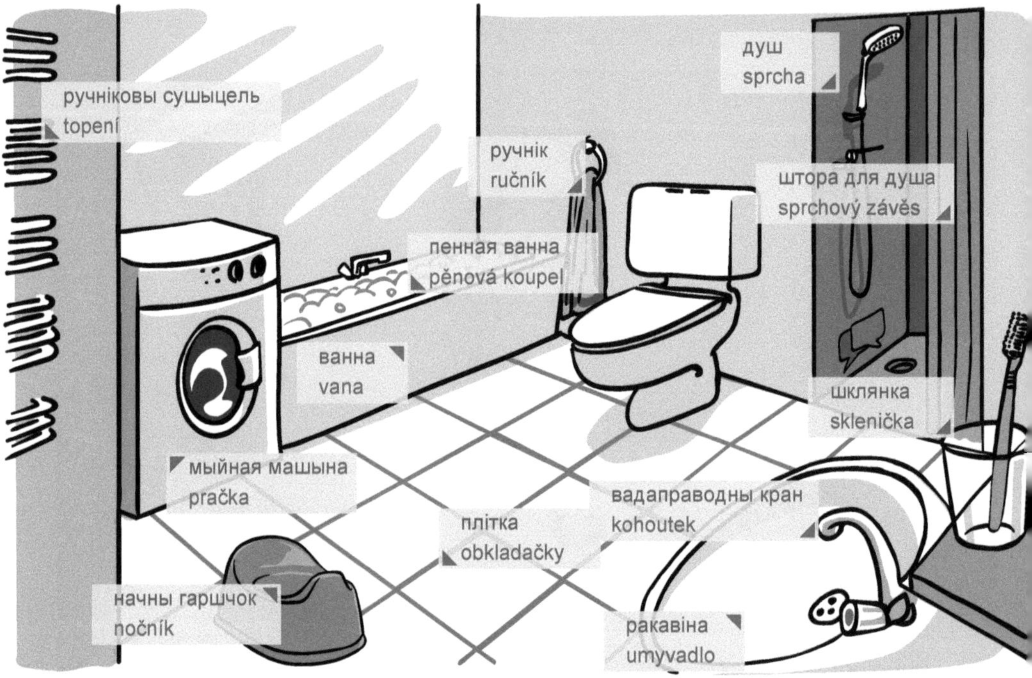

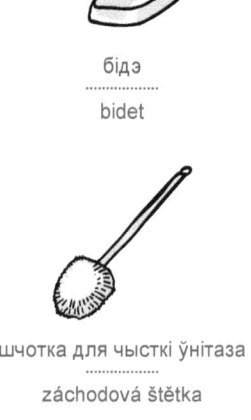

туалет

záchod

падлогавы ўнітаз

turecký záchod

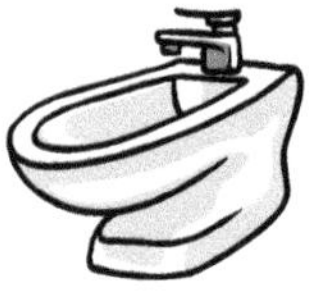

бідэ

bidet

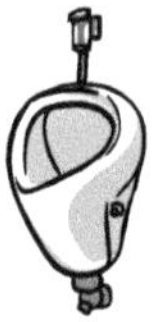

пісуар

pisoár

туалетная папера

toaletní papír

шчотка для чысткі ўнітаза

záchodová štětka

зубная шчотка

zubní kartáček

зубная паста

zubní pasta

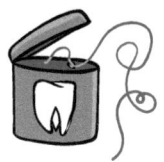

зубная нітка

zubní niť

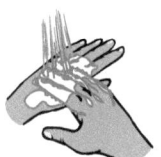

мыць

mýt

ручны душ

ruční sprcha

інтымны душ

intimní sprcha

умывальнік

umyvadlo

шчотка для спіны

kartáč na záda

мыла

mýdlo

гель для душа

sprchový gel

шампунь

šampón

вяхотка

žínka

вадасцёк

odpad

крэм

krém

дэзадарант

deodorant

люстэрка

zrcadlo

касметычнае люстэрка

kosmetické zrcátko

станок для галення

holicí strojek

пена для галення

pěna na holení

ласьён пасля галення

voda po holení

грэбень

hřeben

шчотка

kartáč

фен

fén

лак для валасоў

lak na vlasy

касметыка

makeup

памада

rtěnka

лак для пазногцяў

lak na nehty

вата

vata

манікюрныя нажніцы

nůžky na nehty

духі

parfém

касметычка
taška s toaletními potřebami

табурэтка
stolička

вагі
váha

лазневы халат
župan

санітарныя пальчаткі
gumové rukavice

тампон
tampón

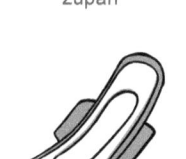

гігіенічныя пракладкі
dámská vložka

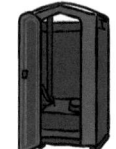

біятуалет
chemická toaleta

дзіцячы пакой
dětský pokoj

будзільнік
budík
мяккая цацка
plyšová hračka
цацачная машынка
autíčko
бразготка
chrastítko
лялечны домік
domeček pro panenky
падарунак
dárek

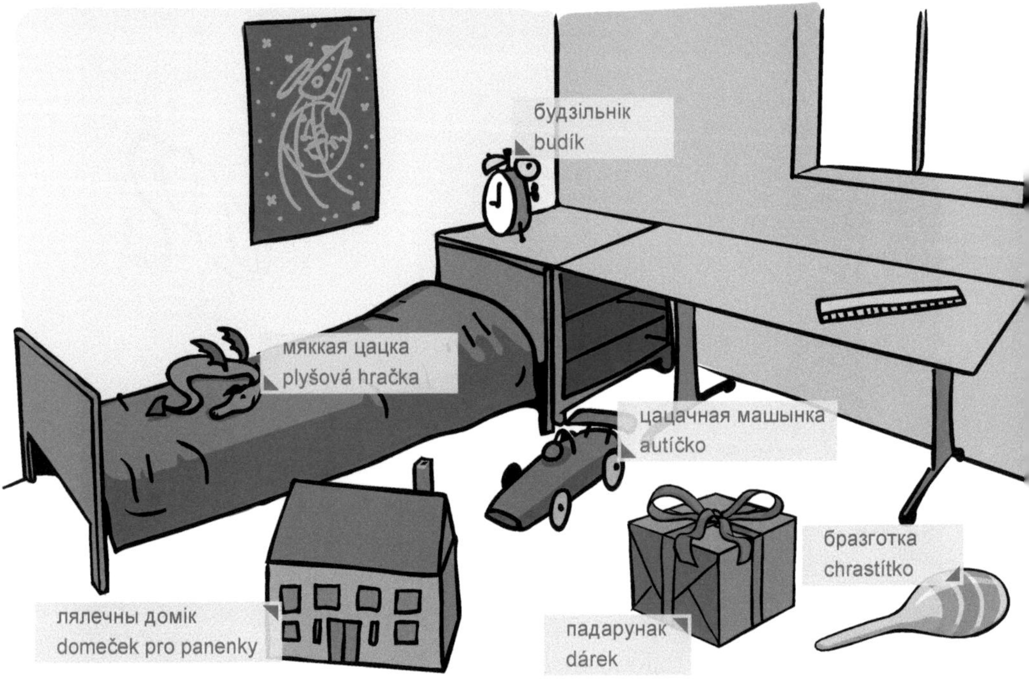

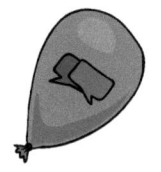

надзіманы шарык

balón

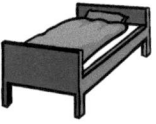

ложак

postel

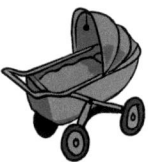

дзіцячая каляска

kočárek

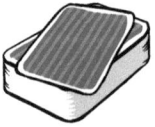

калода картаў

balíček karet

пазл

puzzle

SUPER MEGA

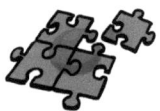

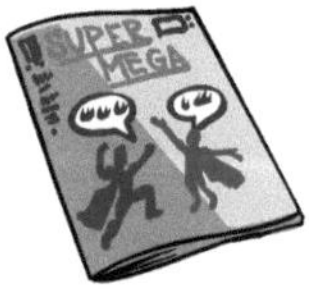

комікс

komiks

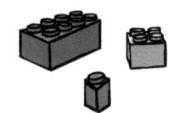

канструктар "Лега"

lego kostky

канструктар

stavebnice

экшэн-фігурка

akční figurka

дзіцячы гарнітур

dupačky

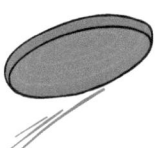

фрызбі

frisbee

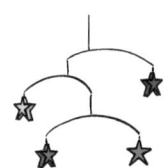

дзіцячы мабіль

závěsné hračky nad postýlku

настольная гульня

desková hra

кубік

kostky

дзіцячая чыгунка

modelová železnice

пустышка

dudlík

дзіцячае свята

oslava

кніга з малюнкамі

obrázková kniha

мячык

míč

лялька

panenka

гуляцца

hrát si

пясочніца

pískoviště

арэлі

houpačka

цацкі

hračky

гульнявая відэа прыстаўка

hrací konzole

трохколавы ровар

tříkolka

плюшавы мішка

medvídek

шафа

šatník

адзенне

oblečení

шкарпэткі

ponožky

панчохі

punčochy

калготкі

punčochové kalhoty

шалік
šála

парасон
deštník

рамень
pásek

цішотка
tričko

красоўкі
tenisky

боты
kozačky

пантоплі
domácí obuv

сандалі
sandály

абутак
obuv

гумовыя боты
holínky

трусы
spodní prádlo

бюстгальтар
podprsenka

майка
nátělník

адзенне - oblečení

бодзі

body

штаны

kalhoty

джынсы

džíny

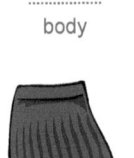

спадніца

sukně

блузка

blůza

кашуля

košile

джэмпер

svetr

талстоўка

mikina

блэйзер

blejzr

куртка

bunda

паліто

kabát

дажджавік

pláštěnka

касцюм

kostým

сукенка

šaty

вясельная сукенка

svatební šaty

касцюм

oblek

начная сарочка

noční košile

піжама

pyžamo

сары

sárí

хустка

šátek na hlavu

цюрбан

turban

паранджа

burka

каптан

kaftan

Абая

abája

купальнік

plavky

плаўкі

pánské plavky

шорты

kraťasy

спартыўны касцюм

tepláková souprava

фартух

zástěra

пальчаткі

rukavice

гузік

knoflík

акуляры

brýle

бранзалет

náramek

каралі

náhrdelník

кальцо

prsten

завушніца

náušnice

кепка

čepice

вешалка

ramínko

капялюш

klobouk

гальштук

kravata

маланка

zip

шлем

helma

падцяжкі

kšandy

школьная форма

školní uniforma

уніформа

uniforma

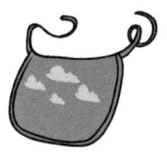

нагруднік

bryndák

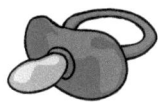

пустышка

dudlík

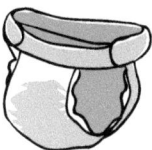

падгузнік

plena

офіс
kancelář

сервер
server
канцылярская шафа
kartotéka
папера
papír
прынтэр
tiskárna
манітор
monitor
мыш
myš
пісьмовы стол
psací stůl
тэчка
šanon
клавіятура
klávesnice
смеццевы кошык
odpadkový koš na papír
кампутар
počítač
крэсла
židle

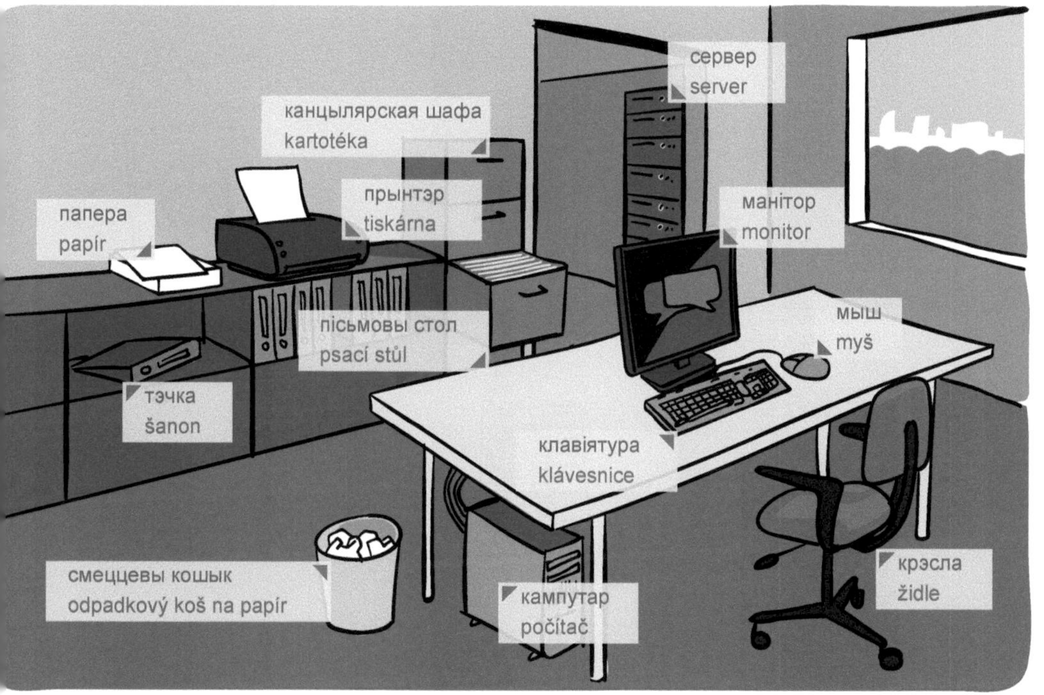

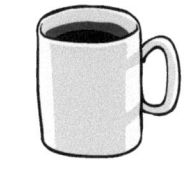

кубак для кавы (філіжанка)

hrnek na kávu

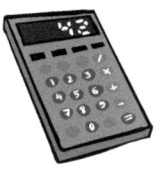

калькулятар

kalkulačka

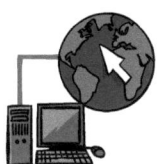

інтэрнэт

internet

ноўтбук

notebook

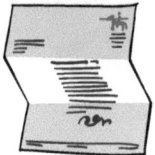

ліст

dopis

паведамленне

zpráva

мабільны тэлефон

mobil

сетка

síť

ксеракс

kopírka

праграмнае забеспячэнне

software

тэлефон

telefon

разетка

zásuvka

факс

fax

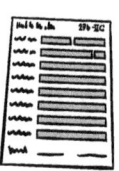

фармуляр

formulář

дакумент

dokument

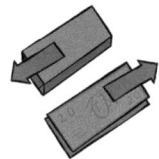

купляць

nakupovat

плаціць

zaplatit

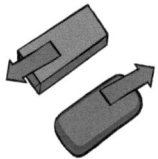

гандляваць

jednat

грошы

peníze

долар

dolar

еўра

euro

ена

jen

рубель

rubl

франк

frank

кітайскі юань

juan

рупія

rupie

банкамат

bankomat

абменны пункт

směnárna

золата

zlato

срэбра

stříbro

нафта

olej

энергія

energie

цана

cena

кантракт

smlouva

падатак

daň

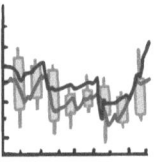

акцыя

akcie

працаваць

pracovat

служачы

zaměstnanec

працадаўца

zaměstnavatel

фабрыка

továrna

крама

obchod

прафесii
povolání

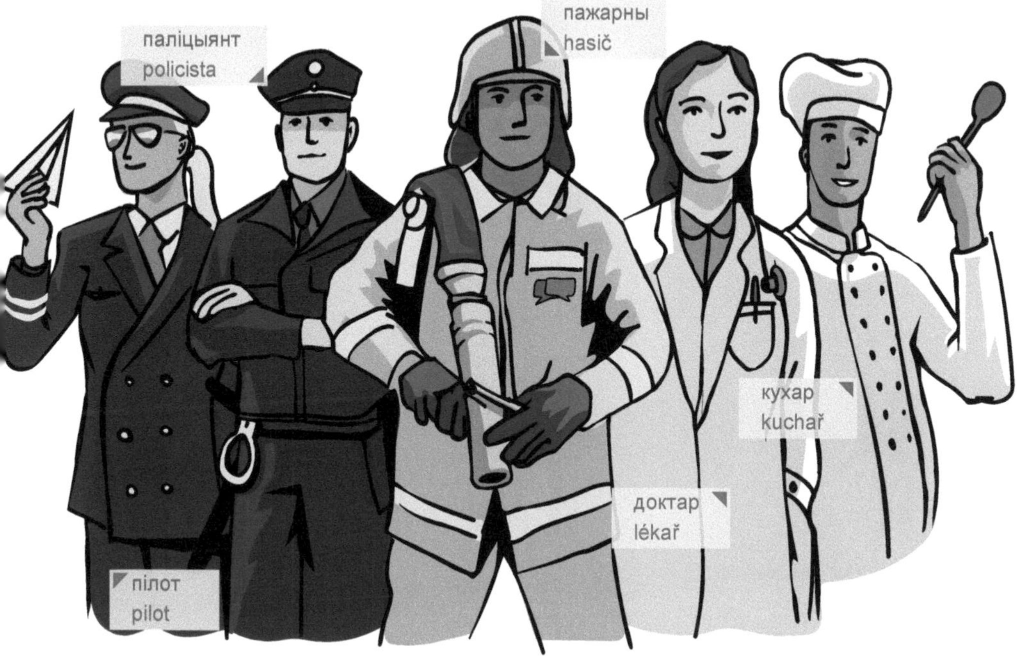
паліцыянт
policista
пажарны
hasič
кухар
kuchař
доктар
lékař
пілот
pilot

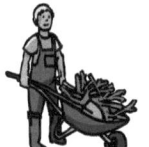

садоўнік

zahradník

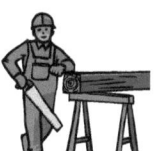

слесар

truhlář

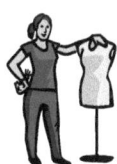

швачка

švadlena

суддзя

soudce

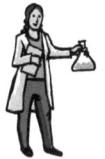

хімік

chemik

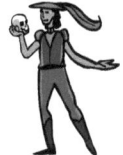

артыст

herec

кіроўца аўтобуса

řidič autobusu

таксіст

řidič taxi

рыбак

rybář

прыбіральшчыца

uklízečka

страхар

pokrývač

афіцыянт

číšník

паляўнічы

myslivec

мастак

malíř

пекар

pekař

электрык

elektrikář

будаўнік

stavební dělník

інжынер

inženýr

мяснік

řezník

сантэхнік

klempíř

паштальён

listonoš

салдат

voják

архітэктар

architekt

касір

pokladní

фларыст

florista

цырульнік

kadeřník

кандуктар

průvodčí

механік

mechanik

капітан

kapitán

стаматолаг

zubař

вучоны

vědec

рабін

rabín

імам

imám

манах

mnich

святар

duchovní

інструменты

nářadí

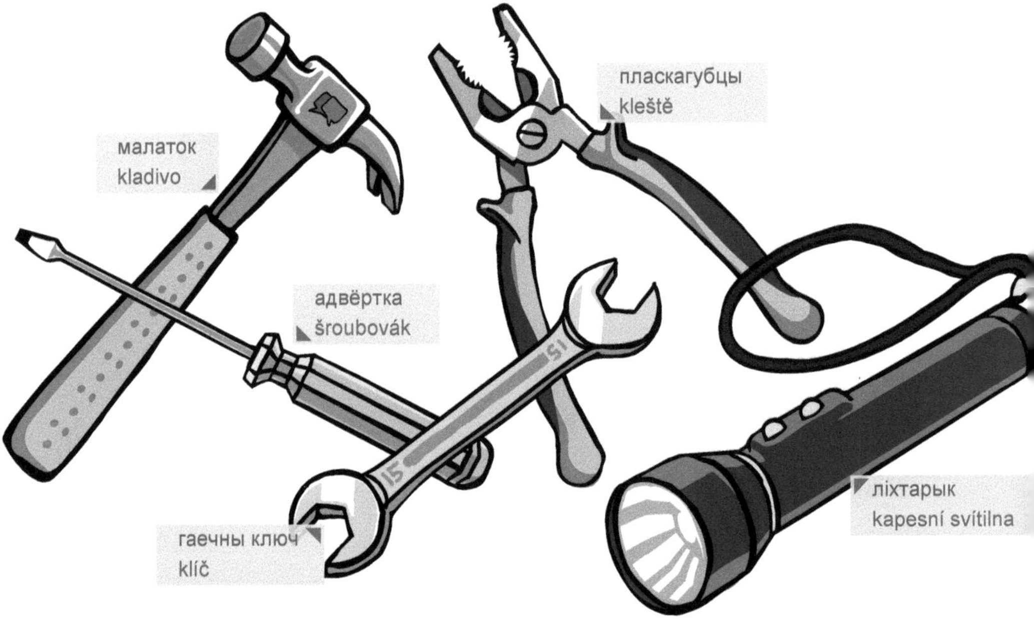
малаток
kladivo
пласкагубцы
kleště
адвёртка
šroubovák
гаечны ключ
klíč
ліхтарык
kapesní svítilna

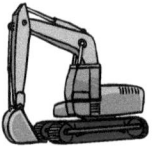

экскаватар

bagr

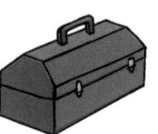

скрыня для інструментаў

skříň na nářadí

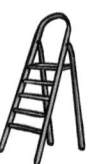

дравіны

žebřík

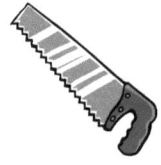

піла

pila

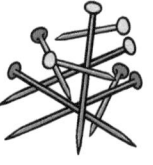

цвікі

hřebíky

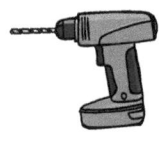

дрыль

vrtačka

рамантаваць

opravit

рыдлеўка

lopata

Халера!

Kurva!

шуфлік для смецця

lopatka

вядро з фарбаю

vědroé na barvu

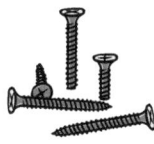

балты

šrouby

музычныя інструменты
hudební nástroje

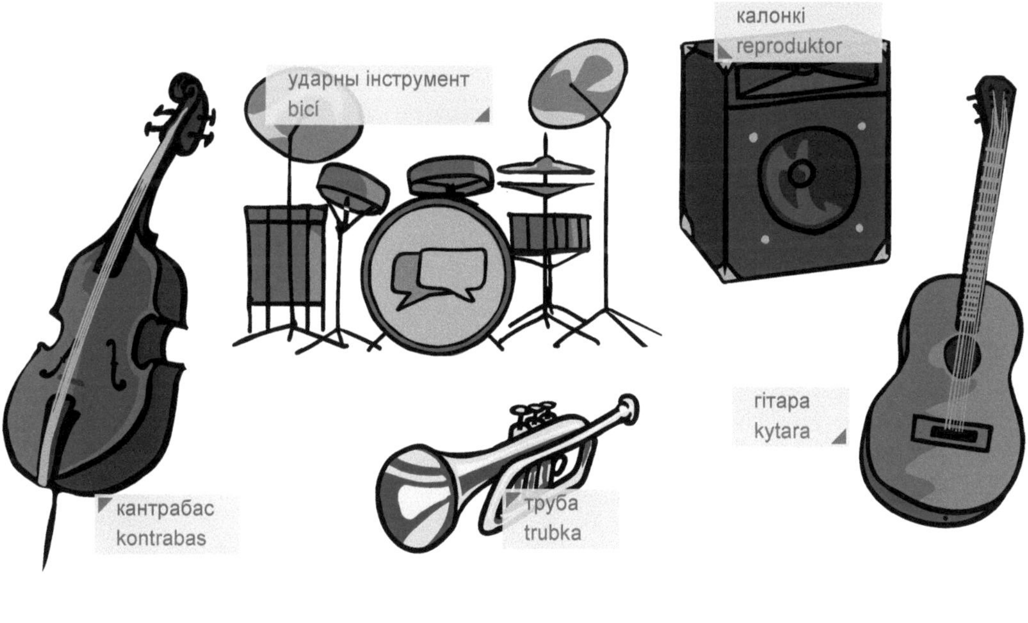

ударны інструмент
bicí

калонкі
reproduktor

кантрабас
kontrabas

труба
trubka

гітара
kytara

піяніна

klavír

скрыпка

housle

басгітара

basa

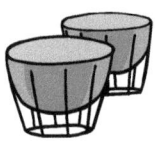

літаўры

tympán

барабан

bubny

клавішны электрамузычны
інструмент

keyboard

саксафон

saxofon

флейта

flétna

мікрафон

mikrofon

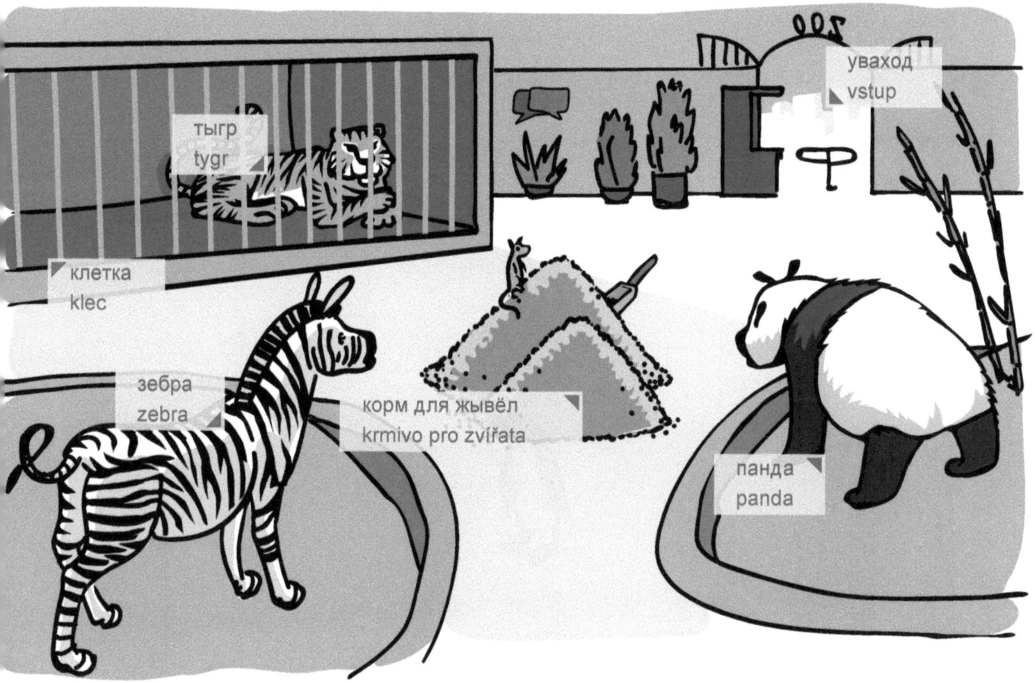

уваход
vstup

тыгр
tygr

клетка
klec

зебра
zebra

корм для жывёл
krmivo pro zvířata

панда
panda

жывёлы

zvířata

слон

slon

кенгуру

klokan

насарог

nosorožec

гарыла

gorila

мядзведзь

medvěd

вярблюд

velbloud

стравус

pštros

леў

lev

малпа

opice

фламінга

plameňák

папугай

papoušek

белы мядзведзь

lední medvěd

пінгвін

tučňák

акула

žralok

паўлін

páv

змяя

had

кракадзіл

krokodýl

наглядчык заапарка

ošetřovatel zvířat

цюлень

tuleň

ягуар

jaguár

поні

poník

леапард

leopard

бегемот

hroch

жыраф

žirafa

арол

orel

дзік

divoké prase

рыбак

ryby

чарапаха

želva

морж

mrož

ліса

liška

газель

gazela

амерыканскі футбол
americký fotbal

веласпорт
cyklistika

тэніс
tenis

баскетбол
košíková

плаванне
plavání

хакей з шайбай
lední hokej

бокс
box

футбол
kopaná

бадмінтон
badminton

лёгкая атлетыка
lehká atletika

гандбол
házená

горныя лыжы
běh na lyžích

пола
vodní pólo

дзейнасць

aktivity

смяяцца
smát se
скакаць
skočit
абдымаць
objímat
ісці
jít
спяваць
zpívat
марыць
snít
маліцца
modlit se
цалаваць
políbit

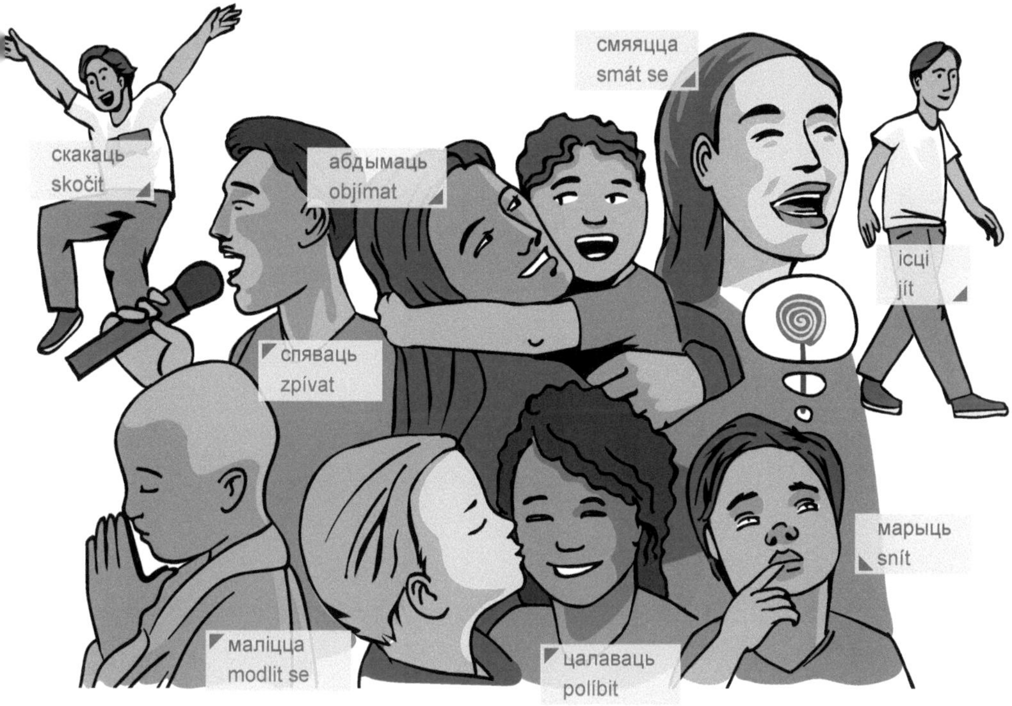

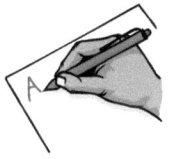

пісаць

psát

маляваць

kreslit

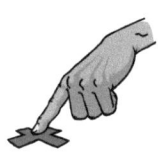

паказваць

ukazovat

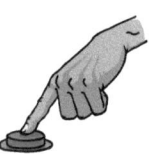

націснуць

tlačit

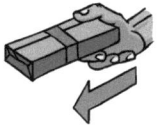

даваць

dát

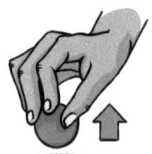

браць

vzít si

маць

mít

выконваць

dělat

быць

být

стаяць

stát

бегчы

běhat

цягнуць

táhnout

кідаць

hodit

падаць

padat

ляжаць

ležet

чакаць

čekat

насіць

nosit

сядзець

sedět

апранацца

oblékat

спаць

spát

прачынацца

vzbudit se

глядзець

prohlédnout si

плакаць

plakat

лашчыць

pohladit

прычэсвацца

česat

гаварыць

hovořit

разумець

rozumět

пытаць

ptát se

чуць

slyšet

піць

pít

есці

jíst

прыбіраць

uklidit

кахаць

milovat

гатаваць

vařit

ехаць

jet

лятаць

letět

плаваць пад ветразем

plachtit

лічыць

počítat

чытаць

číst

вучыць

učit se

працаваць

pracovat

уступаць у шлюб

vzít si

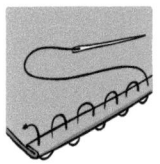

шыць

šít

чысціць зубы

čistit si zuby

забіваць

zabít

курыць

kouřit

пасылаць

poslat

бабуля
babička

дзядуля
dědeček

бацька
otec

маці
matka

дзіця
dítě

дачка
dcera

сын
syn

госць
host

цётка
teta

дзядзька
strýc

брат
bratr

сястра
sestra

цела
tělo

лоб
čelo
вока
oko
плячо
rameno
палец
prst
твар
obličej
падбародак
brada
рука
ruka
грудзі
hruď
нага
dolní končetina
рука
paže

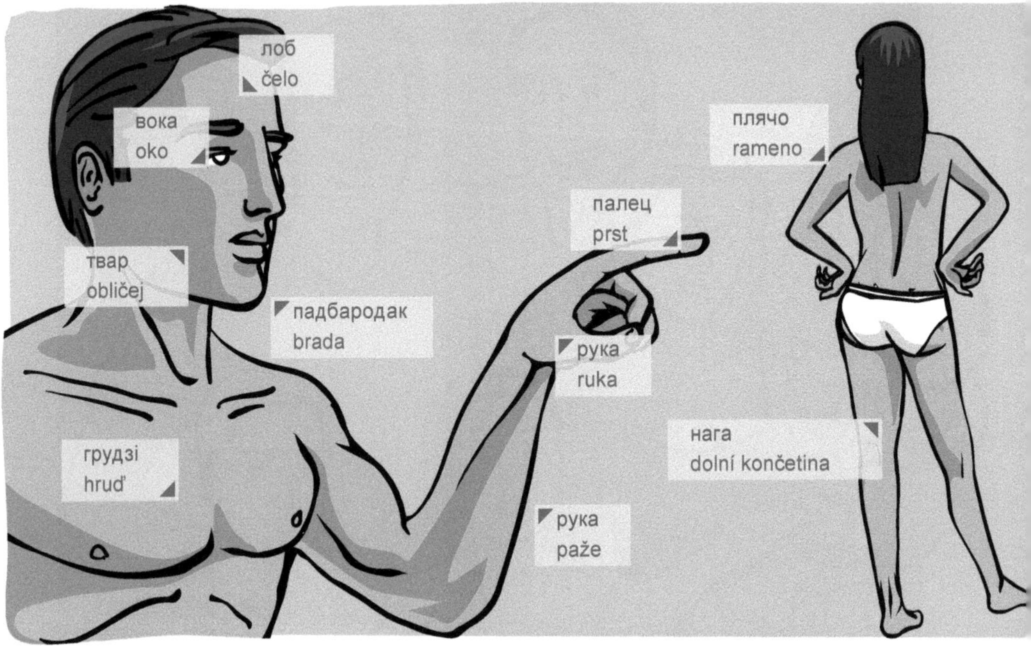

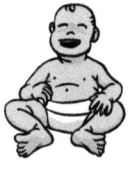

дзіця

dítě

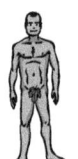

мужчына

muž

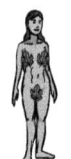

жанчына

žena

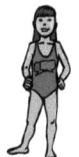

дзяўчынка

dívka

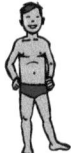

хлопчык

chlapec

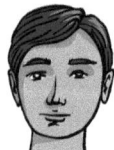

галава

hlava

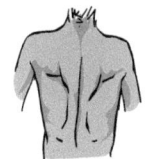

спіна
zády

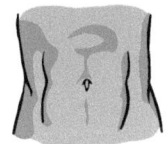

жывот
břicho

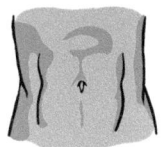

пуп
pupík

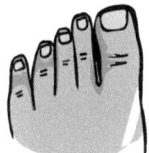

палец нагі
prst na noze

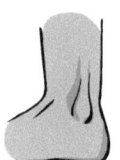

пятка
pata

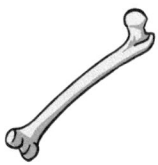

костка
kost

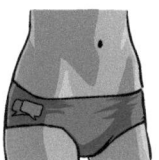

бядро
bok

калена
koleno

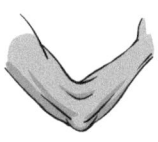

локаць
loket

нос
nos

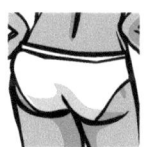

ягадзіца
zadek

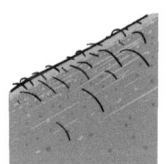

скура
kůže

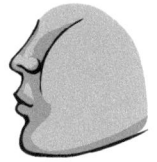

шчака
tvář

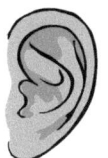

вуха
ucho

губа
ret

рот

ústa

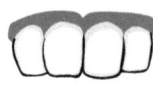

зуб

zub

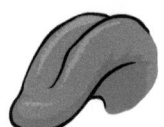

язык

jazyk

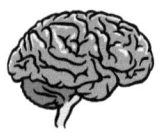

галаўны мозг

mozek

сэрца

srdce

мышца

sval

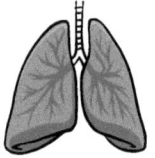

лёгкае

plíce

пячонка

játra

страўнік

žaludek

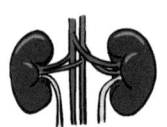

ныркі

ledviny

сэкс

pohlavní styk

прэзерватыў

kondom

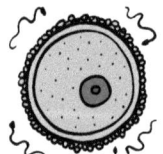

яйцаклетка

vajíčko

сперма

sperma

цяжарнасць

těhotenství

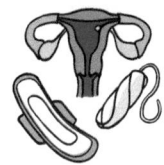

менструацыя

menstruace

похва

vagina

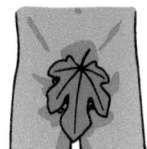

пеніс

penis

брыво

obočí

валасы

vlasy

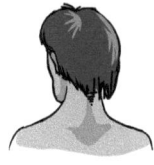

шыя

krk

шпіталь

nemocnice

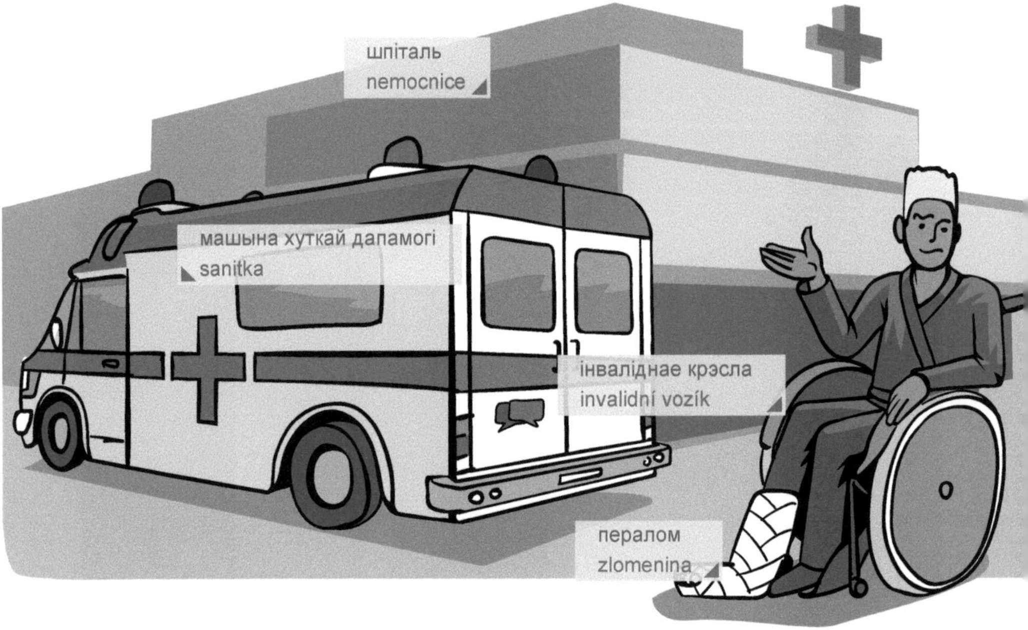

шпіталь
nemocnice
машына хуткай дапамогі
sanitka
інваліднае крэсла
invalidní vozík
пералом
zlomenina

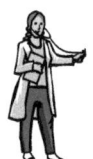

доктар

lékař

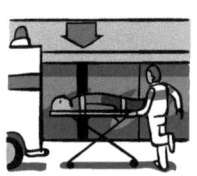

аддзяленне першай дапамогі

pohotovost

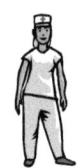

медсястра

zdravotní sestra

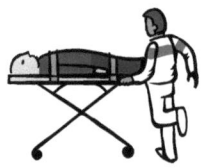

экстраная дапамога

urgentní případ

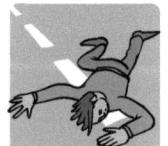

непрытомны

v bezvědomí

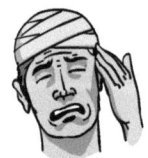

боль

bolest

траўма

úraz

крывацёк

krvácení

інфаркт

infarkt myokardu

апаплексія

cévní mozková příhoda

алергія

alergie

кашаль

kašel

гарачка

horečka

грып

chřipka

панос

průjem

галаўны боль

bolest hlavy

рак

rakovina

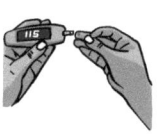

дыябет

cukrovka

хірург

chirurg

скальпель

skalpel

аперацыя

operace

шпіталь - nemocnice

КТ

CT

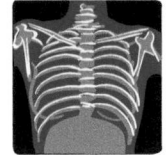

рэнтген

rentgen

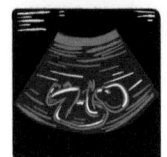

ультрагук

ultrazvuk

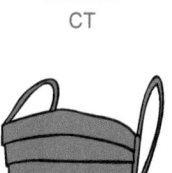

маска

maska

хвароба

nemoc

пачакальня

čekárna

мыліца

berle

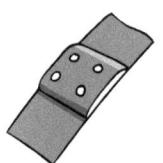

пластыр

náplast

бінт

obvaz

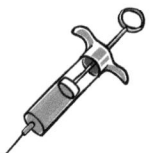

ін'екцыя

injekce

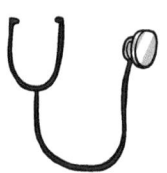

стэтаскоп

stetoskop

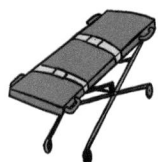

насілкі

nosítka

градуснік

teploměr

нараджэнне

porod

лішняя вага

nadváha

шпіталь - nemocnice

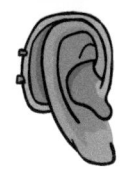

слухавы апарат

naslouchátko

дэзінфекцыйны сродак

dezinfekční prostředek

інфекцыя

infekce

вірус

virus

ВІЧ/СНІД

HIV / AIDS

лекі

lékařství

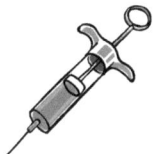

прышчэпка

očkování

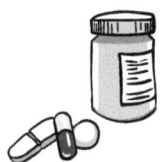

таблеткі

tablety

супрацьзачаткавая таблетка

pilulka

экстраны выклік

tísňové volání

танометр

tonometr

хворы / здаровы

nemocný / zdravý

Ратуйце!

Pomoc!

сігналізацыя

poplach

напад

přepadení

атака

napadení

небяспека

nebezpečí

аварыйны выхад

nouzový východ

Пажар!

Hoří!

вогнетушыцель

hasicí přístroj

аварыя

nehoda

аптэчка

zdravotnická brašna

СОС

SOS

паліцыя

policie

Eўропа

Evropa

Паўночная Амерыка

Severní Amerika

Паўднёвая Амерыка

Jižní Amerika

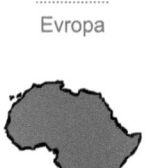

Афрыка

Afrika

Азія

Asie

Аўстралія

Austrálie

Атлантычны акіян

Atlantik

Ціхі акіян

Pacifik

Індыйскі акіян

Indický oceán

Паўднёвы ледавіты акіян

Jižní ledový oceán

Паўночны ледавіты акіян

Severní ledový oceán

Паўночны полюс

severní pól

Паўднёвы полюс

jižní pól

Антарктыда

Antarktida

Зямля

země

краіна

pevnina

мора

moře

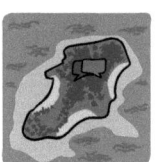

востраў

ostrov

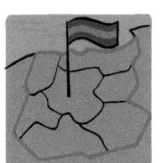

нацыя

národ

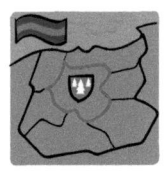

дзяржава

stát

цыферблат

cifernik

гадзінная стрэлка

hodinová ručička

хвілінная стрэлка

minutová ručička

секундная стрэлка

vteřinová ručička

Колькі часу?

Kolik je hodin?

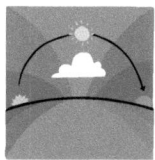

дзень

den

час

čas

зараз

teď

электронны гадзіннік

digitální hodinky

хвіліна

minuta

гадзіна

hodina

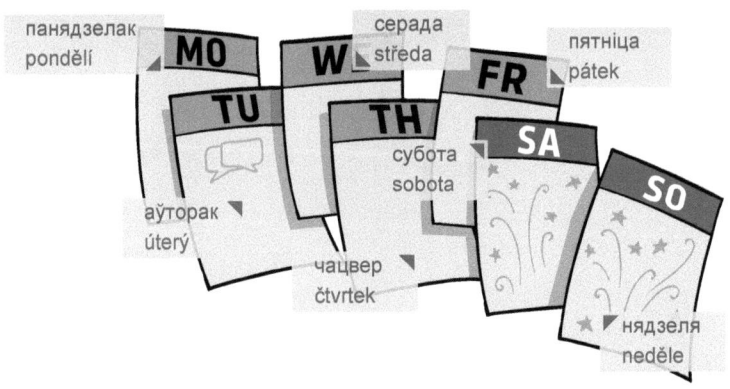

панядзелак
pondělí

серада
středa

пятніца
pátek

MO

W

FR

TU

TH

SA

субота
sobota

аўторак
úterý

SO

чацвер
čtvrtek

нядзеля
neděle

ўчора

včera

сёння

dnes

заўтра

zítra

раніца

ráno

абед

poledne

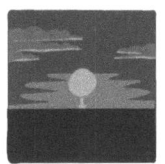

вечар

večer

MO	TU	WE	TH	FR	SA	SU
1	2	3	4	5	6	7
8	9	10	11	12	13	14
15	16	17	18	19	20	21
22	23	24	25	26	27	28
29	30	31	1	2	3	4

працоўныя дні

pracovní dny

MO	TU	WE	TH	FR	SA	SU
1	2	3	4	5	6	7
8	9	10	11	12	13	14
15	16	17	18	19	20	21
22	23	24	25	26	27	28
29	30	31	1	2	3	4

выхадныя

víkend

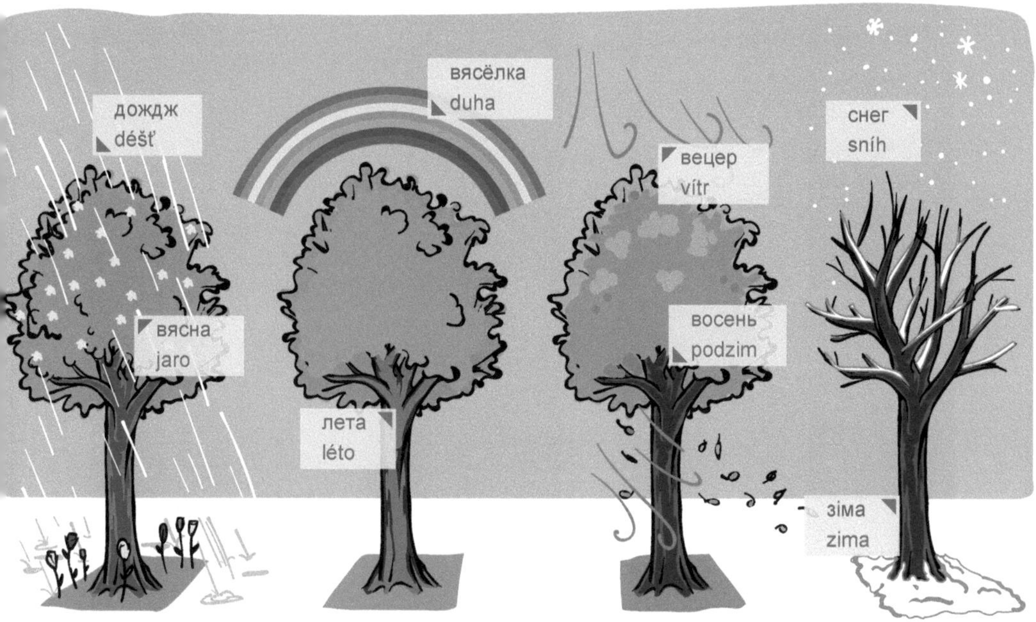

дождж
déšť
вясёлка
duha
вецер
vítr
снег
sníh
вясна
jaro
лета
léto
восень
podzim
зіма
zima

4.APRIL 11°
5.APRIL 4°
6.APRIL 13°
7.APRIL 8°
8.APRIL 10°

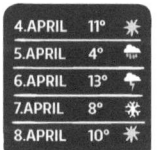

прагноз надвор'я

předpověď počasí

F
C

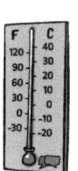

градуснік

teploměr

сонечнае святло

sluneční svit

воблака

mrak

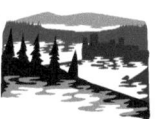

туман

mlha

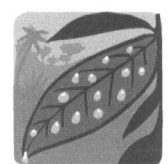

вільготнасць паветра

vlhkost

маланка

blesk

гром

hrom

бура

bouřka

град

kroupy

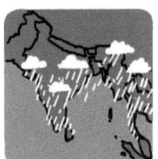

мусонны вецер

monzun

прыліў

povodeň

лёд

led

студзень

leden

люты

únor

сакавік

březen

красавік

duben

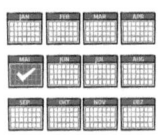

май

květen

чэрвень

červen

ліпень

červenec

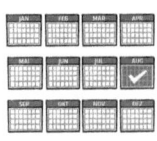

жнівень

srpen

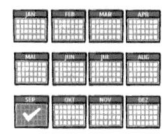

верасень
....
září

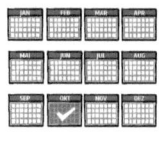

кастрычнік
....
říjen

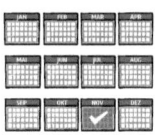

лістапад
....
listopad

снежань
....
prosinec

формы
tvary

круг
....
kruh

квадрат
....
čtverec

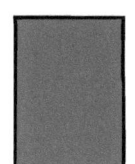

прамавугольнік
....
obdélník

трохвугольнік
....
trojúhelník

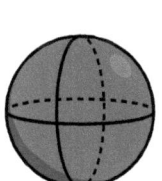

шар
....
koule

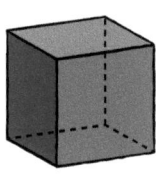

куб
....
krychle

белы

bílá

жоўты

žlutá

аранжавы

oranžová

ружовы

růžová

чырвоны

červená

фіялетавы

fialová

сіні

modrá

зялёны

zelená

карычневы

hnědá

шэры

šedá

чорны

černá

шмат / мала

hodně / málo

злы / добры

rozzuřený / mírumilovný

прыгожы / брыдкі

krásný / ošklivý

пачатак / канец

začátek / konec

высокі / малы

velký / malý

светлы / цёмны

světlý / tmavý

сястра / брат

bratr / sestra

чысты / брудны

čistý / špinavý

поўны / няпоўны

úplný / neúplný

дзень / ноч

den / noc

мёртвы / жывы

mrtvý / živý

шырокі / вузкі

široký / úzký

ядомы / неядомы

jedlý / nejedlý

злы / добры

zlý / hodný

узбуджаны / нудны

vzrušený / znuděný

тоўсты / тонкі

tlustý / hubený

першы / апошні

nejdříve / naposledy

сябар / вораг

přítel / nepřítel

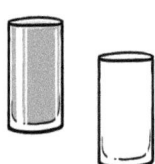

поўны / пусты

plný / prázdný

цвёрды / мяккі

tvrdý / měkký

важкі / лёгкі

těžký / lehký

голад / смага

hlad / žízeň

хворы / здаровы

nemocný / zdravý

нелегальны / легальны

ilegální / legální

разумны / дурны

inteligentní / hloupý

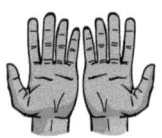

левы / правы

vlevo / vpravo

побач / далёка

blízko / daleko

новы / былы ва ўжыванні
····················
nový / použitý

нічога / нешта
····················
nic / něco

стары / малады
····················
starý / mladý

укл / выкл
····················
zapnutý / vypnutý

адчынены / зачынены
····················
otevřeno / zavřeno

ціхі / гучны
····················
tichý / hlasitý

багаты / бедны
····················
bohatý / chudý

правільна / няправільна
····················
správný / špatný

шурпаты / гладкі
····················
drsný / hladký

сумны / шчаслівы
····················
smutný / šťastný

кароткі / доўгі
····················
krátký / dlouhý

павольны / хуткі
····················
pomalý / rychlý

вільготны / сухі
····················
vlhký / suchý

цёплы / халаднаваты
····················
teplý / chladný

вайна / мір
····················
válka / mír

0

нуль

nula

1

адзін

jedna

2

два

dva

3

тры

tři

4

чатыры

čtyři

5

пяць

pět

6

шэсць

šest

7

сем

sedm

8

восем

osm

9

дзевяць

devět

10

дзесяць

deset

11

адзінаццаць

jedenáct

12
дванаццаць

dvanáct

13
трынаццаць

třináct

14
чатырнаццаць

čtrnáct

15
пятнаццаць

patnáct

16
шаснаццаць

šestnáct

17
сямнаццаць

sedmnáct

18
васямнаццаць

osmnáct

19
дзевятнаццаць

devatenáct

20
дваццаць

dvacet

100
сто

sto

1.000
тысяча

tisíc

1.000.000
мільён

milion

англійская

anglíčtina

англійская (Амерыка)

americká angličtina

кітайская мандарынская

standardní čínština

хіндзі

hindština

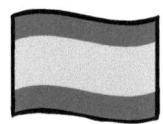

іспанская

španělština

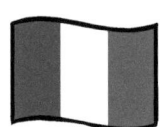

французская

francouzština

арабская

arabština

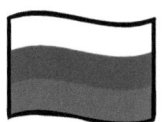

руская

ruština

партугальская

portugalština

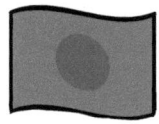

бенгальская

bengálština

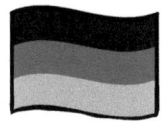

нямецкая

němčina

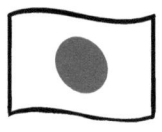

японская

japonština

я
já

ты
ty

ён / яна / яно
on / ona / ono

мы
my

вы
vy

яны
oni

хто?
Kdo?

што?
Co?

як?
Jak?

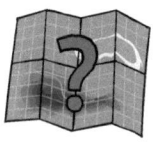

дзе?
Kde?

калі?
Kdy?

HELLO, I AM

імя
jméno

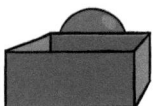

за

za

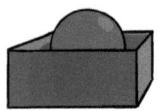

у

do

перад

z

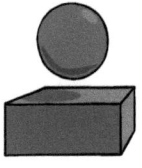

над

nad

на

na

пад

mezi

каля

vedle

паміж

mezi

месца

místo